LA
FONCTION ÉCONOMIQUE
DE LA
BOURSE

CONTRIBUTION A LA THÉORIE DE LA VALEUR

PAR

PAUL LAFARGUE

(Extrait du *Devenir Social*).

PARIS

V. GIARD & E. BRIÈRE

LIBRAIRES-ÉDITEURS

16, Rue Soufflot, 16

1897

Le Devenir Social *paraît mensuellement par fascicules de 96 pages gr. in-8.*

Les abonnements partent du 1er Janvier de chaque année.

Abonnement annuel : France, 18 fr.; Union postale, 20 fr.

Les communications relatives à la Rédaction doivent être adressées à M. A. BONNET, secrétaire de la Rédaction, au Bureau de la Revue, 16, rue Soufflot.

Les communications relatives à l'Administration à MM. V. GIARD & E. BRIÈRE, éditeurs, même adresse.

Les manuscrits insérés dans le Devenir Social *deviennent sa propriété, et ne peuvent être reproduits sans autorisation.*

Tout ouvrage de philosophie, d'histoire ou d'économie dont il est envoyé deux exemplaires est signalé et analysé.

Dans les prochains Numéros seront publiés :

AVELING. — *L'évolution du darwinisme.*

BERNSTEIN. — *Étude critique sur le Capital de Karl Marx.*

BISSOLATI. — *La vie agricole en Lombardie.*

KAUTSKY. — *Les conséquences économiques de la dictature du prolétariat.*

PAUL LAFARGUE. — *La criminalité de 1823 à 1892. — Les missions des Jésuites au Paraguay.*

ANTONIO LABRIOLA. — *La société future ou de la possibilité des prévisions historiques.*

BERNARD LAZARE. — *La Sociologie de M. Novicow. — Le Prolétariat juif en Autriche et en Galicie.*

PLATON. — *Observations critiques et historiques sur le métayage.*

PLEKHANOFF. — *Théorie de la population.*

GIUSEPPE SALVIOLI. — *L'abolition du féodalisme et l'abolition des droits sur la terre des paysans.*

MAX SCHIPPEL. — *Essais de constitution d'une classe de petits propriétaires. — Le rôle de la production de l'alcool dans l'économie et la politique prussienne.*

SCHŒNLANK. — *William Petty, fondateur de la statistique et précurseur de l'économie politique classique. — Place de Vauban et de Boisguilbert dans l'économie politique classique.*

FLORENT SERRURIER. — *Étude sur l'industrie du drap au moyen-âge.*

G. SOREL. — *La division du travail.*

W. STEED. — *L'économie politique de Ruskin.*

F. VIRGILII. — *La vie agricole en Italie : I. Émilie.*

ZERBOGLIO. — *Les bases économiques de la santé.*

Les ouvrages annoncés et analysés dans le Devenir Social *et en général tous les autres ouvrages se trouvent chez MM. V. GIARD & E. BRIÈRE, Libraires-Éditeurs, 16, rue Soufflot, à Paris.*

Beaugency. — Imp. Laffray

La fonction économique de la Bourse [1]

Contribution à la théorie de la valeur.

Marx, après avoir formulé dans le chapitre xi du premier volume du *Capital* la loi de la plus-value, ajoute immédiatement qu'elle « est en contradiction évidente avec toute expérience fondée sur les apparences », et promet de donner la solution de cette contradiction plus tard, car pour y arriver, dit-il, il faut parcourir une série de moyens termes.

Les économistes qui remarquèrent le passage, ils furent peu nombreux, l'attendirent à ce problème qui leur semblait insoluble : la contradiction, signalée par Marx, devait ruiner la théorie. Plusieurs espéraient que le théoricien de la valeur y laisserait sa dialectique et son communisme, confondus et convaincus de manquer de base scientifique. M. Loria, le génial découvreur de théories déjà découvertes par Marx, allait jusqu'à annoncer que l'auteur du *Capital*, plutôt que d'avouer son impuissance, s'était décidé à supprimer les volumes qui devaient compléter et couronner son œuvre économique.

La solution promise, Marx la donne dans le IIIe livre, publié par Engels en 1894 : mais n'ayant pu travailler ce troisième volume, qui reste inachevé, la solution se trouve résumée en des notes sommaires et fragmentaires, qu'il se réservait de développer.

Engels, dans le *Supplément au IIIe livre*, que publia le *Devenir Social* de novembre 1895, en réponse à Konrad Schmidt, qui considérait la loi de la valeur comme « une hypothèse » et « une fiction, il est vrai nécessaire » pour expliquer le procès de l'échange, montre, qu'au contraire, dans la circonstance, « il ne s'agit pas d'un pur procès logique, mais d'un procès historique et de sa réflexion dans la pensée, la recherche logique de ses rapports internes. »

---

[1] Cet article, dans ses lignes générales, a paru dans la *Neue Zeit* des 13 et 20 février 1897 ; il a été remanié pour l'édition française.　N. D. L. R.

Je sais par un mot qu'Engels dit à ma femme, à Eastbourne, quelques semaines avant sa mort, que cette question le préoccupait pendant les derniers mois de sa vie et qu'il comptait compléter son supplément. Quoique affaibli par la maladie, il élaborait une exposition de la théorie, qui par sa simplicité, disait-il, entraînerait l'adhésion de tous les esprits. Malheureusement, il ne put écrire ce travail.

Il reste donc aux marxistes la tâche de rechercher et d'interpréter les phénomènes économiques qui confirment la théorie de la valeur, la seule théorie qui rende intelligible l'évolution de la production humaine, depuis qu'elle a revêtu la forme marchande. Il est hardi, même pour la mettre hors contestation, de toucher à l'œuvre de ces deux géants de la pensée, dont les socialistes des deux mondes n'auront, peut-être jusqu'à la transformation de la société capitaliste, qu'à vulgariser les théories économiques et historiques et qu'à les appliquer à de nouvelles études : je me risque cependant à soumettre à la critique des théoriciens marxistes cette contribution à la théorie de la valeur.

* *

VARIATIONS DES VALEURS DE BOURSE.

Toutes les valeurs de la Bourse varient de prix constamment, parfois de jour en jour et plusieurs fois dans la même journée. Non seulement les actions des sociétés industrielles et des institutions de crédit varient, ce qui se conçoit, puisque, passant par des périodes de prospérité et de dépression, elles distribuent par conséquent des dividendes annuels différents, mais encore le prix des titres de la Dette publique de grands États comme la France et l'Angleterre monte et descend, bien qu'ils rapportent régulièrement un intérêt invariable, que le pays subisse des crises révolutionnaires ou des désastres nationaux : ces titres sont dits de *tout repos* par les financiers, parce qu'ils ne font courir aucun risque aux rentiers qui y placent leurs capitaux, plus sûrement qu'à la Caisse d'épargne.

Ces perpétuels mouvements de hausse et de baisse paraissent au premier coup d'œil désordonnés, et ils le sont jusqu'à un certain point, comme le sont les chocs et contre-chocs des grains d'une masse de sable soulevée par le vent. Les capitalistes, qui déterminent ces variations, agissent désordonnément sous la seule impulsion du lucre, de la crainte de perdre ou du désir de gagner. Les grains de sable, en dépit des zigzags occasionnés par leur entrechoquement, obéissent dans leur chute à la loi de la pesanteur; de même les boursiers, qui, sous le péristyle, font l'effet d'échappés de Charenton, en haussant et en abaissant le prix des valeurs, obéissent, sans le savoir, à la loi de la valeur de Marx. Selon le mot biblique interprété marxistement, ils s'agitent et la fatalité économique les mène.

EXPLICATION DU TABLEAU.

Le tableau (p. 292-293) donne, d'après *la Cote de la Bourse et de la Banque* de 1896, les cours d'un certain nombre de valeurs, non au jour le jour, mais à des intervalles de six et cinq mois : si on les étudiait au jour le jour, on se mettrait dans un état d'esprit analogue à celui des boursiers qui, dans leurs variations quotidiennes, ne démêlent que des gains et des pertes.

Dans une colonne se trouve le prix de la valeur, et, dans celle d'à côté, le taux d'intérêt qu'elle rapporte calculé d'après le dernier dividende fixé. Ce taux varie avec la hausse et la baisse de la valeur : cela va de soi pour les fonds d'État, dont l'intérêt reste toujours le même, que le prix du titre monte ou baisse. Il en va de même pour les actions des sociétés industrielles et de crédit, dont l'intérêt varie cependant d'année en année, parce que le dividende à distribuer, déterminé d'après l'exercice précédent, est fixé pour un an, ou six mois tout au moins. Le rapport entre le prix de l'action et le dividende donne le taux de l'intérêt. Si, par exemple, le dividende est de 10 francs et le prix de l'action de 100 francs, le taux de l'intérêt est de 10 0/0 ; si le prix de l'action s'élève à 200 francs et que le dividende reste à 10 francs, le taux de l'intérêt n'est plus que 5 0/0.

Le prix moyen de la valeur et son taux moyen d'intérêt pour les trois dates considérées, se trouvent dans les deux dernières colonnes.

La première colonne du tableau donne le prix d'émission de l'action ou de l'obligation, c'est-à-dire la somme que le capitaliste a dû débourser pour son achat, lors du lancement.

Les calculs sont établis sur le revenu net, impôt déduit, du dernier exercice.

FONDS D'ÉTAT	Taux d'émission	6 JANVIER		1er JUILLET		1er DÉCEMBRE		PRIX ET TAUX D'INTÉRÊT MOYEN	
		Prix de la valeur	Taux de l'intérêt	Prix de la valeur	Taux de l'intérêt	Prix de la valeur	Taux de l'intérêt	Prix de la valeur	Taux de l'intérêt
		fr.	%	fr.	%	fr.	%	fr.	%
3 % Français	Divers	101.40	2.95	100.80	2.97	102.80	2.91	101 66	2.94
3 ½ % Français	»	106.15	3.29	104.95	3.33	105.40	3.32	105.50	3.31
3 % Belge	»	100 »	3 »	103.30	2 90	102.10	2.93	101.75	2.94
3 % Norvégiens 1886	98	97 »	3.09	100.20	2.99	99.50	3 »	98.90	3.02
3 ½ % Suisse	99	108.75	3.21	109.50	3.19	107 »	3.27	108 41	3.22
4 % Suédois, 1880	Divers	102 »	3.43	103.95	3.36	103.20	3.39	103.05	3.39
4 % Autrichiens-or	»	101.40	3.84	104.75	3.81	105 »	3.80	103.71	3.81
Dette Ottomane, D.	»	18.25	5.47	21.10	4.73	20.25	4.93	19.86	5 01
5 % Italien	»	85.10	4.70	89.85	4.44	92.32	4.35	89.09	4 49
3 % Portugais	»	24.90	4 67	27 »	4.31	24 80	4 69	25.56	4.55
4 % Espagnol (extérieur)	»	62.70	6 37	65.36	6.12	58.75	6 80	62 27	6.09
Obligations de Cuba	»	412 »	7.28	371.50	8.07	352 »	8.52	378.50	7.95

Obligations de la Ville de Paris.

FONDS D'ÉTAT	Taux d'émission	Prix de la valeur	Taux de l'intérêt	Prix de la valeur	Taux de l'intérêt	Prix de la valeur	Taux de l'intérêt	Prix de la valeur	Taux de l'intérêt
1871	»	423 »	2.52	427.5	2.49	420 »	2.74	423.5	2.58
1886	»	414 »	2.57	417 »	2.53	406 »	2 63	409.3	2 57

Chemins de fer français.

FONDS D'ÉTAT	Taux d'émission	Prix de la valeur	Taux de l'intérêt	Prix de la valeur	Taux de l'intérêt	Prix de la valeur	Taux de l'intérêt	Prix de la valeur	Taux de l'intérêt
Nord	400	1790 »	3.12	1830 »	3.05	1830 »	3.05	1816 »	3 07
Ouest	500	1685 »	3.20	1105 »	3 14	1110 »	3.13	1096 »	3.15
Est	Divers	948 »	3 39	957 »	3.35	970 »	3.31	958.50	3.35
Orléans	500	1545 »	3.43	1600 »	3.31	1637 »	3.22	1594 »	3.32
Lyon	Divers	1460 »	3.41	1553 »	3.21	1610 »	3.09	1541 »	3.23
Midi	»	1250 »	3.64	1316 »	3.45	1313 »	3.46	1293 »	3.51

	Taux d'émission	6 JANVIER		1er JUILLET		1er DÉCEMBRE		PRIX ET TAUX D'INTÉRÊT MOYEN	
		Prix de la valeur	Taux de l'intérêt	Prix de la valeur	Taux de l'intérêt	Prix de la valeur	Taux de l'intérêt	Prix de la valeur	Taux de l'intérêt
		fr.	%	fr.	%	fr.	%	fr.	%
Obligations des chemins de fer français et étrangers.									
Nord	Divers	481 »	2.79	489 »	2.71	488 »	2.75	486 »	2 75
Ouest	»	470 »	2 86	481 »	2 79	483.75 »	2.77	478.25	2.80
Est	»	462 »	2.91	473 »	2.83	484 »	2.78	473 »	2.84
Orléans	»	473 »	2.84	480 »	2 83	484 »	2.78	479 »	2.83
Lyon	»	468 »	2.87	482 »	2 79	485 »	2.77	478 »	2.81
Midi	»	467 »	2.88	480 »	2.80	486 »	2.80	475.6	2.80
Autrichiens 1re hypothèque . . .	»	458 »	3.27	475 »	3.16	478 »	3.13	470.3	3.18
Sarragosse	»	289 »	4.93	320 »	4.46	309 »	4.62	306 »	4.67
Andalous	»	218 »	6.18	266 »	5.41	222 »	6.48	235 »	6.16
Institutions de crédit.									
Banque de France	Divers	3550 »	2.90	3675 »	2.82	3700 »	2.78	3645 »	2.83
Banque de Paris et des Pays Bas .	500	752 »	4.29	854 »	4.32	805 »	4.58	803 »	4.39
Banque internationale de Paris .	500	540 »	5.20	635 »	5.14	582 »	5.60	585 »	5 31
Banque Ottomane	500	527 »	7.20	580 »	4.57	530 »	5 35	545 »	5 70
Banque Mexicaine	500	550 »	6.60	580 »	6.03	585 »	6.20	571 »	6.27
Valeurs diverses.									
Canal de Suez	500	3220 »	2.78	3507 »	2.35	3350 »	2.76	3359 »	2.63
Eaux parisiennes	Divers	1895 »	3.01	1945 »	3.05	1940 »	3.07	1926 »	3.04
Omnibus	500	1080 »	3.26	1280 »	3.20	1285 »	3.18	1215 »	3.24
Messageries maritimes	500	620 »	4.06	660 »	3.81	725 »	3.80	668 »	3.89
Gaz parisien	500	1090 »	5.27	1086 »	5.48	1107 »	5 38	1094 »	5.37
Tharsis (mine de cuivre) . . .	»	113 »	4.39	150 »	5.83	153 »	5.70	139 »	5.30

ANALYSE DU TABLEAU.

Les valeurs de Bourse se classent en deux catégories : *valeurs à intérêts fixes* : emprunts d'État et de villes, et obligations de sociétés industrielles et de crédit (1); et *valeurs à intérêts variables* : actions des entreprises industrielles et des institutions de crédit, dont les intérêts varient d'année en année, d'après leur prospérité.

On peut grouper les valeurs de Bourse d'après le taux d'intérêt :

1° Intérêts oscillant un peu au-dessous de 2 1/2 0/0 : obligations de la Ville de Paris, des Chemins de fer, du Canal de Suez, etc.;

2° Intérêts oscillant autour de 3 0/0 : 3 0/0 Français et Belge, qui rapportent 2.94 0/0; 3 0/0 Norwégien, qui rapporte 3.02 0/0; 3 1/2 0/0 Suisse, qui rapporte 3.22 0/0; actions des Chemins de fer français, dont l'intérêt varie de 3.07 (Nord) à 3.51 0/0 (Midi); du Canal de Suez, 2.63 0/0; de la Banque de France, 2.83 0/0, etc. (J'expliquerai pourquoi l'intérêt des actions de Suez et de la Banque de France descend sensiblement au-dessous de 3 0/0);

3° Intérêts allant de 3 1/2 0/0 à 8 0/0 et plus : actions de sociétés industrielles, de la Compagnie du Gaz, des Omnibus, des Messageries maritimes, des Chemins de fer autrichiens, des Mines de zinc, de cuivre, d'or, etc.; obligations des Chemins de fer espagnols, emprunts d'État à finances chancelantes (Italie, Portugal, Turquie, Espagne, etc.).

PLACEMENTS DE TOUT REPOS.

Les financiers appellent *placements de tout repos, de père de famille,*

---

(1) Les socialistes, qui ont peu de relations amicales avec le capital, ne sont pas toujours au courant des termes de finance, c'est pourquoi je donne les explications suivantes :

Le *capital-action* d'une société est le capital souscrit pour son établissement ou développement sous forme d'actions de 25 francs, 100 francs, 500 fr. et plus. L'intérêt de ce capital subit directement les heurs et malheurs de l'entreprise; il monte quand elle prospère et baisse quand elle périclite.

Le *capital-obligation* est le capital que la société emprunte soit pour la développer, soit pour réparer ses pertes. Les emprunts d'État et de villes doivent être classés dans cette catégorie. L'intérêt du capital obligation est fixe, ce n'est que lorsqu'il est payé que le dividende, c'est-à-dire le profit à partager entre les actions, est déterminé. Il arrive qu'à la suite d'événements malheureux, l'intérêt du capital obligation ne peut être servi, comme il se peut qu'un État suspende le paiement de ses rentes, il y a alors faillite.

les valeurs qui offrent toutes les garanties désirables de stabilité; l'intérêt qu'elles rapportent est, par le fait de la sécurité du placement, réduit au minimum, et ce minimum est dans les environs de 3 0/0 (1). C'est un peu au-dessous de ce minimum qu'oscille le 3 0/0 Français. Les obligations de la Ville de Paris et celles des Chemins de fer français, du Crédit Foncier, etc., classées dans le groupe n° 1, rapportent un intérêt sensiblement inférieur à la rente 3 0/0, bien qu'elles n'offrent pas une garantie supérieure pour les placements de fonds; mais, en revanche, elles présentent des chances de gain qui font défaut aux rentes sur l'État. Les obligations de la Ville de Paris et du Crédit Foncier sont à lots : à différentes époques de l'année, il y a des tirages, et les heureux possesseurs des numéros sortants gagnent des lots de 100, 1000, 10000, 100000 francs et plus. Les obligations des Chemins de fer et du Crédit Foncier sont remboursables par voie de tirage, et il y a chance de gagner la différence entre le prix d'achat et celui de remboursement, soit une vingtaine de francs. On paie la sécurité des emprunts d'État par un minimum d'intérêt et les chances de la loterie par une réduction de ce minimum.

Par contre, la Rente française 3 1/2 0/0 étant convertissable, c'est-à-dire réduisible à 3 0/0, il y a menace de perte pour ses porteurs; cette possibilité de perte est compensée par une élévation du taux de l'intérêt, qui est en moyenne de 3.31 0/0, au lieu de 2.94 0/0 de la rente 3 0/0, qui est inconvertissable.

On classe dans la catégorie des placements de tout repos les actions des six Compagnies des Chemins de fer français et d'un certain nombre

---

(1) Les économistes, pour apitoyer les bonnes âmes sur le triste sort des capitalistes, répètent sempiternellement qu'ils s'appauvrissent par la diminution constante de l'intérêt de l'argent. Les socialistes petits bourgeois à la Proudhon, et les sociologues que l'Université fabrique en abondance, ajoutant foi à la parole intéressée des Économistes, attendent, comme le Messie, l'extinction graduelle de l'intérêt pour voir la fin de l'exploitation capitaliste. Ils auront des siècles à croquer le marmot, si la baisse de l'intérêt continue à décroître, comme il le fait depuis cent ans. Le minimum de 3 0/0 n'a pas sensiblement varié depuis plus d'un siècle pour les placements de tout repos : avant la Révolution de 1789, comme aujourd'hui, la propriété foncière rapportait 3 0/0; « avant la découverte de l'Amérique, dit Adam Smith, 10 0/0 semble avoir été le taux ordinaire de l'intérêt dans presque toute l'Europe; depuis ce moment, il a baissé dans différents pays à 6, 5, 4 et 3 0/0. » *Wealth of Nations*, livr. II, chap. IV.

d'autres entreprises, telles que : Banque de France, Canal de Suez, etc.,
qui possèdent les qualités requises de stabilité. Si l'action de Suez ne
rapporte que 2,63 0/0 et celle de la Banque de France que 2.83 0/0,
c'est qu'on prévoit une augmentation des bénéfices de la Banque, après
le renouvellement de son privilège qui aura lieu cette année, et qu'on
entrevoyait un plus fort dividende de l'action de Suez, à cause de
l'accroissement du transit sur le Canal pendant ces deux dernières
années (1).

PLACEMENTS INCERTAINS.

A côté des valeurs offrant aux capitaux des placements d'une très
grande sécurité, il en est d'autres qui font courir des risques aux capitaux engagés, telles que les actions des institutions de crédit, des compagnies minières, des sociétés-industrielles, etc. L'intérêt qu'elles rapportent est supérieur au minimum de 3 0/0, et il est proportionnel
aux risques que courent les capitaux ; il est d'autant plus élevé que
les dangers sont plus nombreux. Le taux de l'intérêt de ces valeurs
varie constamment avec les bonnes et les mauvaises chances. Afin de
bien mettre en lumière le phénomène, j'extrais du tableau ces six valeurs, qui s'influencent mutuellement, et dont les variations ont été
occasionnées par des événements connus de tous.

---

(1) Recettes du transit du Canal de Suez.

Du 1er janvier au 31 décembre 1894	73.776.827 fr.
—	—	1895	78.103.717
—	—	1896	79.585.213

Depuis le commencement de cette année, le transit ayant diminué, les
actions de la Compagnie de Suez ont baissé.

Lorsqu'en 1857 on prorogea le privilège de la Banque de France jusqu'au
31 décembre 1897, le capital ancien représenté par 91.250 actions anciennes
de 1,000 francs fut dédoublé. Les actions nouvelles émises à 1,100 se colè-
rent aussitôt à 3,359 fr. La loi qui prorogeait le privilège avait donc fait
hausser l'action nouvelle de 2.250 francs.

	6 janvier		1er juillet		1er décembre	
	Prix de la valour	Taux de l'intérêt. %	Prix de la valeur	Taux de l'intérêt. %	Prix de la valeur	Taux de l'intérêt. %
Obligation de Cuba.. . . .	412	7 28	371 50	8 07	352	8 52
4 % Espagnol (Extérieure). .	62 70	6 37	65 36	6 12	58 75	6 80
Chemin de fer Sarragosse . .	289	4 93	320	4 46	309	4 62
» Andalous.. . . .	218	6 58	266	5 41	222	6 48
Banque de Paris et des Pays-Bas	752	4 29	854	4 32	805	4 58
Banque Internationale de Paris	540	5 20	635	5 14	582	5 60

Les obligations de Cuba ont suivi une marche descendante à mesure que l'insurrection se prolongeait, parce que les dépenses de guerre, évaluées à 50 et 60 millions par mois, doivent, en cas de victoire de l'Espagne, être supportées par les finances cubaines, déjà obérées avant la révolte; ce sera pis, si la révolution triomphe, il est plus que probable que Cuba libre, ne reconnaîtra pas la dette contractée par l'Espagne pour la mettre à feu et à sang.

Le 4 0/0 Espagnol a subi le contre-coup des événements de Cuba, ainsi que les obligations des chemins de fer de l'Espagne : si ces valeurs ont eu au mois de juillet une reprise qui a fait passer la rente de 62.70 à 65.36, c'est que le gouvernement négociait avec la Banque de Paris et la Banque Internationale un emprunt d'un milliard, qui allait lui permettre de relever ses finances et d'écraser l'insurrection. Cet emprunt, qui devait problématiquement tirer l'Espagne de ses embarras de toute nature, devait sûrement rapporter de gros bénéfices aux deux Banques, qui s'étaient engagées à placer 500 millions en France et en Belgique. Dès que ces négociations s'ébruitèrent, leurs actions montèrent de 102 francs pour la Banque de Paris et de 95 francs pour la Banque Internationale. Mais M. Canovas del Castillo ayant rompu les pourparlers à cause de leurs exigences exagérées, les actions des deux Banques baissèrent, tandis que la dette d'Espagne dégringolait; cette dernière ne put retrouver le cours de janvier, malgré le succès de l'emprunt intérieur et la réclame indécente faite avec le cadavre de Maceo.

Les valeurs de la Turquie (Dette consolidée, Douanes, Tabacs, Banque ottomane, etc.) ont pareillement subi le contre-coup des événements qui se déroulent dans l'empire.

Les institutions de Crédit et les sociétés minières et industrielles de toute espèce voient leurs actions hausser ou baisser aux moindres changements qui se manifestent dans leur situation. Dès qu'il y a signe de prospérité les capitaux se précipitent sur elles, dès qu'au contraire les affaires s'embrouillent, ils se retirent.

Les journaux financiers et les feuilles politiques tiennent les capitalistes au courant de tout ce qui survient dans la situation des sociétés, cotées à la Bourse. Ils publient les cours des métaux (zinc, cuivre, argent, nickel, etc.), à Londres, Paris, New-York; ils renseignent sur la production du cuivre, du zinc, sur les besoins de l'industrie, sur les stocks disponibles et en route. Il existe toute une littérature de journaux, brochures et volumes sur les mines d'or du Sud de l'Afrique, fournissant des détails, prétendus authentiques, sur chaque mine, sur le nombre des pilons en fonction, sur les quantités de dynamite employées, et sur celles d'or extraites mécaniquement ou chimiquement, sur les dépenses par tonne de matières traitées, sur le rendement en or brut, etc. La presse financière, qui est encore plus vénale que la presse politique, ce qui n'est pas croyable, publie avec autant d'assurance les nouvelles vraies, que les fausses : au capitaliste de se débrouiller.

Les institutions de crédit portent à la connaissance du public leur bilan, tous les ans, tous les mois et quelques-unes toutes les semaines. Le canal de Suez annonce quotidiennement le nombre des navires qui le traversent, leur tonnage et les recettes perçues. Les chemins de fer, les compagnies d'omnibus, de tramways, etc., communiquent le bulletin des recettes de la semaine comparé à celui de la semaine de l'année précédente.

La Bourse a révolutionné les habitudes traditionnelles de l'industrie et du commerce. Le banquier, le négociant et le fabricant gardent aussi secrètement que possible la situation de leurs affaires : les institutions de crédit et les sociétés industrielles et commerciales de la Bourse étalent au grand jour leurs comptes; ainsi que l'homme vertueux, elles veulent vivre dans une maison de verre.

TAUX DE CAPITALISATION ET TAUX DE L'INTÉRÊT.

Les sociétés par actions de la Bourse, en mettant le public dans la confidence de leurs opérations, n'agissent pas ainsi par amour de la vérité et de la lumière, mais par intérêt, et en cherchant leur seul intérêt, elles arrivent par surcroît, sans le vouloir et sans le désirer, à établir l'Égalité parmi les capitalistes.

Dès que le dividende d'une institution de crédit, ou d'une société industrielle augmente ou diminue, le prix de ses actions s'élève ou s'abaisse pour que le taux de l'intérêt oscille autour d'une certaine moyenne, calculée d'après le degré de sécurité ou d'insécurité qu'elle offre aux capitaux qui s'y trouvent engagés. Les financiers nomment *capitalisation*, l'opération de Bourse qui fait monter ou baisser le prix d'une action pour que l'intérêt qu'elle rapporte se rapproche du taux moyen de l'intérêt. Bien entendu cette capitalisation n'affecte pas le passé, si elle règle le présent et l'avenir. Par exemple l'action du chemin de fer du Nord, émise à 400 francs il y a 50 ans, a été capitalisée successivement de façon à atteindre le 1er décembre dernier 1,830 fr., afin qu'elle ne rapportât pas plus de 3 0/0 et quelques centimes. L'individu qui aurait acheté cette action en 1850, alors qu'elle valait 470 francs, ne débourse pas un sou de plus, son action continue à ne représenter pour lui qu'un déboursé de 470 francs; mais si au lieu de la garder en portefeuille, il la vend, ses 470 francs se métamorphosent en 1,830 francs.

Les Boursiers n'attendent pas pour capitaliser les actions d'une société, que le bilan de l'année soit établi et que le dividende soit fixé; ils escomptent d'avance le résultat probable sur sa marche des bonnes et mauvaises nouvelles qui circulent sur son compte, et dans cette prévision ils font hausser ou baisser le prix de ses actions.

Le taux de capitalisation, ainsi que le montre le tableau précédent, varie constamment aussi bien pour les valeurs à placement de tout repos, que pour les valeurs à placements incertains. Les risques que courent les capitaux sont compensés par une réduction du taux de capitalisation et par conséquent par un accroissement du taux de l'intérêt : une institution de crédit privilégiée comme la Banque de France a un taux de capitalisation supérieur à celui d'une institution de crédit ordinaire, comme la Banque internationale. Une entreprise industrielle, bien administrée, qui ne redoute pas de concurrence, comme le chemin de fer du Nord, a un taux de capitalisation supérieur à celui de la Compagnie du Gaz, à qui l'acétylène, l'électricité et le pétrole disputent l'éclairage, et à qui les becs à incandescence diminuent la consommation du gaz.

Les prix comparatifs des actions de chemin de fer depuis un demi-siècle, montrent le taux de capitalisation se mouvant avec les progrès de cette importante industrie, qui a été la cause décisive du développement de la finance moderne.

Les actions des six grandes Compagnies, ainsi que l'indique le tableau précédent, ont été capitalisées pour que le taux moyen de l'intérêt variât en décembre 1896 entre 3.07 0/0 (Nord) et 3.51 0/0 (Midi).

Il en était autrement il y a 50 ans, il n'existait alors en France que quelques tronçons de chemin de fer, rayonnant de Paris et de quelques grands centres : c'est à partir du coup d'État de 1852 que l'industrie de la voie ferrée s'est développée avec une rapidité surprenante. De nombreuses compagnies se formèrent pour créer des chemins de fer un peu partout, sans plan d'ensemble : les unes végétèrent, les autres firent faillite et banqueroute frauduleuse. Il y eut une série de krachs. Le public s'épouvanta et ne porta plus avec le même enthousiasme son argent aux compagnies en voie de formation ou de développement ; pour l'attirer, il fallut que l'Empire subventionnât les chemins de fer et que les compagnies garantissent 4 0/0 d'intérêt sur le capital souscrit ; il fallut même payer cet intérêt avant l'ouverture de la voie, pendant la durée des travaux de construction. Le public gobeur, alléché par cet appât de 4 0/0, ne s'apercevait pas que c'était son argent qui servait cet intérêt, qu'il mangeait son bien en herbe, et qu'il compromettait de la sorte le succès des chemins de fer construits avec ses deniers. Le taux de capitalisation était alors peu élevé et des plus variables d'une compagnie à une autre, d'une année à une autre pour la même compagnie, ainsi que le montre le tableau suivant.

Les chiffres sont extraits de l'*Annuaire de la Bourse et de la Banque* de Birieux de 1857. Le prix des actions est établi en prenant la moyenne du cours le plus élevé et le plus bas de l'année.

	1847		1848		1849		1850		1851	
	Prix de l'action	Taux de l'intérêt %	Prix de l'action	Taux de l'intérêt %	Prix de l'action	Taux de l'intérêt %	Prix de l'action	Taux de l'intérêt %	Prix de l'action	Taux de l'intérêt %
Paris-Orléans . . .	1202	4.79	815	5.25	780	7.23	787	7.59	927	6.86
Nord . . . . . . ,	562	2.62	411	3 »	780	4 30	470	5.10	463	7.77
Paris-Rouen. . . .	862	5 96	598	4.19	503	6.71	598	7.02	626	6.55
Est.	»	»	»	»	»	»	»	»	»	»
Lyon-Méditerranée . .	»	»	»	»	»	»	»	»	»	»
Paris-Lyon	»	»	»	»	»	»	»	»	»	»
Paris-Cherbourg . .	»	»	»	»	»	»	»	»	»	»
Ouest	»	»	»	»	»	»	»	»	»	»
Moyenne . . .	»	4.45	»	4.14	»	6.08	»	6.57	»	7 06

	1852		1853		1854		1855	
	Prix de l'ac-tion	Taux de l'in-térêt	Prix de l'ac-tion	Taux de l'in-térêt	Prix de l'ac-tion	Taux de l'in-térêt	Prix de l'ac-tion	Taux de l'in-térêt
		%		%		%		%
Paris-Orléans	1030	4 69	1125	5.52	1132	6.09	1166	6.86
Nord	745	5.57	872	5.28	797	6 34	857	7 10
Paris-Rouen	855	5 84	1057	5.68	937	6.68	»	»
Est . . . , . . .	681	4 80	871	5.77	761	8 10	872	8 99
Lyon-Méditerranée . .	742	3.77	768	3.90	752	4.07	1267	6 79
Paris-Lyon	795	2.80	912	4 10	913	8.48	1250	6.31
Paris-Cherbourg . . .	665	3.10	726	2.89	615	4 23	»	»
Ouest.	»	»	»	»	»	»	728	6.84
Moyenne	»	4.37	»	4.73	»	6.28	»	7.16

ACTIONS ET RÉACTIONS MUTUELLES DES VALEURS DE BOURSE

Les placements de tout repos sont, pour ainsi dire, la Caisse d'épar-gne des capitalistes : ceux qui ne spéculent pas à la Bourse y dépo-sent leurs fonds et les boursiers y placent une partie de leurs gains. Lorsque le marché est florissant et que les affaires prospèrent, les capitalistes retirent des valeurs de tout repos une partie de leurs fonds pour les porter sur les autres; au contraire, en temps de crise, l'argent, rendu craintif, déserte les valeurs incertaines, pour acheter les rentes d'État et autres semblables valeurs. Lors du krach des mines du Transvaal, il y eut un sauve-qui-peut: les capitaux lâchaient en masse les mines d'or, les institutions de crédit et les sociétés industrielles, dont les actions dégringolaient, pour se précipiter sur les Consolidés d'Angleterre, le 3 0/0 français, etc. On dit que des financiers anglais, furieux de voir leurs sociétés ainsi délaissées, auraient formé le projet de capitaliser à un taux si élevé les Consolidés, qu'ils ne rapporteraient plus que 2 0/0, afin d'enlever aux petits capitaux l'envie d'aller s'y mettre à l'abri.

Ainsi donc toutes les valeurs de Bourse, à quelques catégories qu'elles appartiennent, sont intimement liées entre elles et réagis-sent les unes sur les autres. Les emprunts d'État et de villes, les institutions de crédit et les sociétés industrielles, dont le nombre est considérable, sont comme des vases communiquants dans lesquels circulent une masse énorme de capitaux, cherchant à s'équilibrer à un taux moyen d'intérêt (1).

Ce niveau d'intérêt ne peut être absolu, puisqu'il faut tenir compte des risques et des garanties que les différentes valeurs présentent aux capitaux ; il ne peut non plus être stable, puisqu'il est perpétuellement dérangé par les multiples événements qui surviennent aux dettes publiques des États et aux sociétés dans lesquelles circulent les capitaux. Mais pour que ce niveau d'intérêt, une fois dérangé, se rétablisse rapidement et se rapproche aussi près que possible du taux moyen, il faut que les capitaux versés dans ces valeurs aient l'extrême mobilité des molécules d'un liquide et il faut aussi que les boursiers aient à leur disposition des moyens d'agiter et de brasser brusquement la masse entière des capitaux de toutes les valeurs. Cette extrême mobilité des capitaux et ces moyens d'actions qui n'existent pas dans l'industrie, le commerce et la banque *individualistes* existent à la Bourse et là seulement (2).

Agiter la masse des capitaux pour capitaliser les valeurs afin qu'elles rapportent un tant pour cent qui se rapproche d'un taux moyen d'intérêt est la fonction économique de la Bourse, fonction importante que les Boursiers remplissent sans le savoir et sans se douter des conséquences sociales et révolutionnaires qu'elle entraîne.

L'extrême mobilité des capitaux n'est obtenue que grâce à la forme que revêtent les valeurs de Bourse, et à l'extrême division des emprunts d'État et de la propriété des sociétés industrielles, des banques, etc., en coupons et actions de 25, 100, 500 francs et plus. Les dettes publiques des États européens, d'origine relativement récente, ont commencé à naître avec la période bourgeoise et la société par actions est la forme caractéristique de l'exploitation capitaliste parvenue à son entier développement.

L'emprunt d'État et la société par actions proclament la liberté absolue du capital ; ils détachent complètement le capitaliste de la nation à qui il prête et de l'industrie qui fait fructifier son argent : il

---

(1) *La Cote de la Bourse et de la Banque* donne quotidiennement les cours de plus de 950 valeurs, et elle ne les mentionne pas toutes.

(2) Je me sers de l'épithète *individualiste* pour distinguer les industries, commerces et banques possédées individuellement par un ou plusieurs capitalistes, des sociétés par actions qui sont possédées par des collectivités de capitalistes.

n'a qu'une seule chose en vue, le tant pour cent. Peu lui importe que
ce tant pour cent soit servi par des chemins de fer, des mines, des
banques, des industries nationales ou étrangères, par un gouvernement républicain ou monarchiste, par le budget de sa patrie ou de
n'importe quelle autre nation de la terre; il ne désire, il n'ambitionne,
il ne cherche que le tant pour cent; s'il l'obtient, son âme est satisfaite.
Pour courir après le tant pour cent, il transvase sans hésitation et
sans regret son capital d'une distillerie d'alcool dans le Canal de
Suez ou dans une usine métallurgique, de la dette publique de France
dans celle d'Allemagne, d'Italie ou de Russie. Son indifférence est si
parfaite qu'il lui suffit de connaître le nom de la société ou de l'emprunt
d'État où il place son argent; d'habitude, il ignore le genre d'industrie
que la société exploite et sait vaguement la situation géographique
du pays emprunteur; il ne tient même pas à palper et à voir ses titres
et ses actions et à détacher ses coupons de rente; il confie à une
banque leur achat, leur garde et la charge d'encaisser les revenus :
il ne veut connaître et toucher que le tant pour cent.

Mais pour que le capitaliste ne rate pas la plus petite occasion de
saisir au passage ce tant pour cent plus ardemment convoité que
jamais ne le fut la grâce de Dieu, il faut qu'il puisse faire circuler avec
la rapidité de l'électricité d'une société dans une autre, d'Europe en
Amérique, aux antipodes, son capital détaché de tous les liens qui
autrefois l'enchaînaient à une industrie et à une localité. La Bourse,
pour que le capitaliste puisse à tout instant accomplir ces merveil-
leux tours de prestidigitation, met à sa disposition deux instruments:
le marché au comptant et *le marché à terme.*

LE MARCHÉ AU COMPTANT

La vente et l'achat au comptant reproduisent, dans ce qu'ils ont
d'essentiel, ce qui se passe dans l'échange ordinaire des marchandises.
Le transit du Canal de Suez fait-il présager un dividende supérieur à
celui de l'exercice précédent, vite le capitaliste achète autant d'actions
de Suez qu'il a d'argent disponible; il y a alors plus de demandes que
d'offres et, selon les lois de la concurrence, les Suez montent; si, au
contraire, les recettes du Canal diminuent, les porteurs de Suez
vendent pour aller chercher ailleurs un tant pour cent supérieur, et
comme il y a plus d'offres que de demandes, les Suez baissent. Tandis
que le capitalisme tend à éliminer la concurrence dans la production

et de l'échange des marchandises, il l'intensifie à la Bourse.

Mais ce qui est spécial aux ventes et achats de la Bourse et ce qui les distingue des transactions du commerce, c'est que ce ne sont pas des marchandises, des *produits du travail*, que l'on échange, mais des *droits à des tant pour cent*, des *parts de profits* dans une banque, un chemin de fer, ou n'importe qu'elle autre industrie, et ces droits à des tant pour cent, ces parts de profits, apparaissent aux capitalistes non comme des produits du travail, mais comme des *produits de capitaux*, selon l'expression de Marx, puisque pour eux ils sont en rapport avec la grandeur du capital qui les achète; bien qu'en définitive ce soit la plus-value, c'est-à-dire le bénéfice réalisé sur le travail, qui détermine le taux de capitalisation, c'est-à-dire ce qu'il faut payer pour participer au partage de cette plus-value.

Ce qui achève de donner au marché au comptant son caractère original, c'est qu'il est pour ainsi dire illimité. Un capitaliste désirant placer son argent dans une terre, une industrie ou un commerce n'ayant pas encore revêtu la forme de société par actions, aurait à faire des recherches, à attendre des semaines et des mois pour aboutir souvent à ne rien trouver qui corresponde à ses moyens; à la Bourse, au contraire, il trouve sans recherches et immédiatement ce qu'il désire, parce que la même action est achetée, vendue, reachetée et revendue continuellement avec une simple variation de prix. Le marché d'une valeur est d'autant plus actif que ses prix sont plus variables; le mouvement est automatique.

Mais le marché au comptant se rapproche de l'échange ordinaire des marchandises en ce qu'il faut disposer d'un capital ou d'un crédit pour acheter et prendre livraison de la valeur achetée, ou la posséder pour la vendre et la délivrer en temps voulu. Cette nécessité primitive d'avoir en main un capital pour acheter et de détenir l'objet vendu pour vendre, frappe d'impuissance le marché au comptant pour ébranler la masse des capitaux, et même pour remuer ceux engagés dans un emprunt d'État ou une grande industrie, comme un chemin de fer, le Canal de Suez, etc.; car les capitaux disponibles, pour acheter à un moment donné, sont relativement limités, ainsi que les valeurs à vendre.

LE MARCHÉ A TERME

La Bourse fournit aux capitalistes un autre instrument d'une puissance incalculable pour brasser et déplacer la masse des capitaux; le marché à terme, qui fit son apparition au XVIIe siècle avec la folle spéculation, à laquelle donnèrent lieu les ognons de tulipe. Cette fleur sans parfum et cossue est son emblème.

Les ventes et les achats à terme n'ont rien de commun avec les pratiques ordinaires de l'échange des marchandises ; ils leur sont, au contraire, diamétralement opposés, ils sont la négation de l'échange pour me servir de la phraséologie de Hegel. L'acheteur du commerce ordinaire achète pour recevoir la marchandise achetée et le vendeur vend pour délivrer la marchandise vendue ; l'acheteur à terme ne compte pas recevoir les valeurs qu'il achète, et le vendeur à terme ne compte pas livrer celle qu'il vend. Aucune valeur ne sort d'un porte-feuille pour aller dans un autre, il n'y a rien d'échangé, et cependant il y a eu vente et achat. L'échange des marchandises est un contrat bilatéral, donnant pour donnant, valeur égale pour valeur égale, les deux contractants trouvent leur bénéfice dans l'opération ; au contraire, le principe essentiel du marché à terme est qu'il y ait gain pour l'un des contractants et perte pour l'autre.

Prenons un exemple : un capitaliste prévoit que les actions de Suez vont monter, et il veut bénéficier de cette élévation de prix sur 100 actions ; comme elles valent 3,350 francs, il faut qu'il dispose d'un capital de 335,000 francs, ce qui n'arrive pas à tout le monde, surtout à un jour donné. Notre capitaliste, au lieu de les acheter au comptant, les achète à terme pour fin courant. Le 31 du mois, les Suez au lieu de monter ont baissé et ne valent plus que 3.340 francs, soit une différence de 10 francs par action, et de 1,000 francs pour les 100 actions. L'acheteur paie au vendeur cette différence et tout est dit. Si, au contraire, les Suez montent de 5 francs, le vendeur paie la différence de 500 francs à l'acheteur et l'opération est terminée. Le marché à terme est en définitive un pari.

On pénètre dans le royaume de la métaphysique avec le marché à terme. Tout est spéculatif. L'acheteur n'a pas de quoi acheter et le vendeur n'a rien à vendre. Le capital de l'un est aussi abstrait que l'objet à vendre de l'autre. Cependant ce marché métaphysique qui se passe dans les régions de la pure raison spéculative, sonne le branle-bas à la Bourse et mène le marché au comptant, qui, lui, est matériel et se conclut avec des pièces trébuchantes d'un côté et des actions réelles de l'autre. Le marché idéaliste conduit le marché positif. La Bourse est le dernier temple de l'idéalisme.

Dès qu'une institution de crédit ou une société industrielle fait mine d'accroître son prochain dividende et, par conséquent, d'élever son taux d'intérêt, les joueurs à terme s'emparent de ses actions et les font monter : quand ils les abandonnent c'est qu'elles sont *classées*, c'est-à-dire qu'elles sont parvenues à un taux de capitalisation qui ne permet qu'un taux moyen d'intérêt (1). Dès qu'au contraire, l'horizon politique d'un pays s'obscurcit et que ses finances faiblissent, les joueurs à terme font dégringoler les titres de ses emprunts pour que le taux de capitalisation permette un taux d'intérêt supérieur à la moyenne, qui serve de prime d'assurance aux risques que courent les capitaux. Les joueurs à terme sont les chevaliers errants qui distribuent la Justice et établissent l'Égalité parmi les capitalistes.

Les chevaliers à terme de la Justice et de l'Égalité sont dévorés d'une telle ardeur qu'ils concluent des marchés pour fin courant, pour le 15 et pour le lendemain et appellent à la rescousse les fausses nouvelles les plus monumentales : prise de Sébastopol, quand on venait de débarquer les troupes en Crimée ; victoire des armées de Napoléon III, quand on perdait la bataille de Reichshoffen ; mort de Rothschild, le grand roi de l'or, etc... Lorsque ces mensonges éclatent à la Bourse, ils sèment la joie ou la panique dans le camp des haussiers ou des baissiers.

Le marché à terme fleurit dans toutes les bourses spéciales du blé, du fer, du coton, de la laine, de la soie grège, etc... Tous les écarts de la production et de la consommation sont mis à profit par les vendeurs et acheteurs à terme, pour modifier les prix et influencer les bénéfices des capitaux engagés dans la production de ces marchandises et dans leur transformation industrielle, afin de les rapprocher du taux moyen de profit.

Il faut, pour demander la suppression du marché à terme, être aussi ignorant en matière économique et aussi tombé de la lune, que le sont les philantropes et les moralistes, qui, afin de conserver la société capitaliste et ses horreurs, veulent emprisonner, dans leur ridicule et immorale honnêteté les opérations de la finance et dépouil-

---

(1) « C'est une erreur, dit le syndic des agents de change de Paris devant la Commission parlementaire de 1896, de séparer le terme du comptant ; ils se contrôlent l'un par l'autre et se servent mutuellement de régulateur. Le terme c'est le crédit, c'est l'instrument nécessaire des grosses opérations, des gros emprunts que le comptant seul ne pourrait mener à bien ». (*Chambre des députés, document 1950.*)

ler la Bourse de la fonction révolutionnaire qu'elle remplit dans la marche de l'histoire (1).

La fonction économique de la Bourse est donc de ramener à un taux moyen d'intérêt, ou de profit tous les capitaux; elle arrive à ce résultat, en abaissant ou en élevant le prix des actions, dès que l'intérêt s'écarte sensiblement de cette moyenne.

« Or, ce taux moyen de profit, dit Marx, n'est autre chose que le profit calculé à tant pour cent, dans chaque sphère de composition moyenne de capitaux, où le profit coïncide avec la plus-value. Le taux du profit est donc le même dans toutes les sphères ramenées au niveau de celles où existe la composition moyenne du capital » (2).

Quand le profit du capital d'une société par actions s'élève au dessus ou descend au dessous de ce niveau de profit, la Bourse l'y ramène en haussant ou en abaissant le taux de capitalisation de ses actions, « de sorte, comme dit encore Marx, qu'à des quantités égales de capi-

---

(1) M. Lanier, président du syndicat général de la Bourse du Commerce de Paris, dans son discours prononcé le 27 mars dernier au Banquet de la corporation, après avoir constaté que le syndicat « est composé de fabricants de sucre, farines, alcools, huiles et fécules, de négociants, commisionnaires et courtiers s'occupant spécialement de l'approvisionnement des usines et de l'écoulement des produits fabriqués » se moque des parlementaires qui vont « puiser leurs opinions sur le marché à terme près d'opérateurs malheureux, victimes de leur propre imprudence ».

M. H. Babled, qui est docteur en droit, dans son intéressant ouvrage sur les syndicats capitalistes dit : « Dans l'état des mœurs actuelles, supprimer les marchés à termes serait porter au commerce un grave préjudice, car ils lui sont indispensables pour assurer l'approvisionnement des marchés. Ils ne sont pas moins nécessaires à l'industrie, qui pour établir ses prix de revient, a besoin de compter sur des livraisons de matières prémières à époques fixes et sur des débouchés constants pour leurs produits. Et si les spéculations à la baisse leur causent quelquefois du préjudice, elles tendent du moins à établir le nivellement des prix, et à les soustraire de plus en plus aux brusques oscillations d'autrefois, car elles ont toujours une spéculation à la hausse pour contre-partie. » — *Les Syndicals de producleurs et de détenteurs de marchandises au double point de vue économique et pénal*, pa Henry Babled, 1893.

(2) *Capital*, vol. III, section II, chap. x.

taux soient distribués toujours des parts aliquotes de la plus-value créée par le capital social total. »

Mais « ce nivellement du profit qui n'est pas un point de départ, mais un résultat », n'a pu être obtenu qu'après que le capital est parvenu à dominer complètement la production et l'échange des marchandises et qu'en recourant à des procédés spéciaux, qui n'ont rien de commun avec cette production et cet échange. En effet, ce sont deux choses absolument différentes que d'augmenter le capital d'une société par actions et de capitaliser ses actions : lorsqu'on élève le capital d'une société, on accroît d'une certaine quantité les capitaux constants et variables consacrés à la production : lorsqu'au contraire la Bourse capitalise ses actions, elle n'ajoute ni ne retranche un sou aux capitaux employés à la production, mais elle décrète que dorénavant il faudra payer l'action tel prix pour avoir le droit de participer à la distribution du dividende, c'est-à-dire aux profits de la société.

Les actions du chemin de fer de Lyon valaient 1,655 francs le 6 janvier 1897, tandis que le 6 janvier de l'année précédente elles ne valaient que 1,460 francs, soit une différence de 195 francs : or il y a 800,000 actions, la différence totale est donc de 156 millions. Cela ne veut pas dire que dans le cours de l'année, une somme supplémentaire de 156 millions a été dépensée en outillage et en salaires : cela signifie que la plus-value ayant augmenté dans le cours de l'année, la Bourse a dû relever le prix des 800 mille actions de 156 millions pour ramener les intérêts qu'elles rapportent au taux moyen d'intérêt. Si au contraire il avait fallu dépenser une telle somme pour accroître ou transformer le matériel du chemin de fer, la Bourse aurait fait baisser le prix des actions, qui momentanément auraient donné un tant pour cent inférieur au taux moyen d'intérêt, si le prix de l'action était resté le même.

Cependant la capitalisation de la Bourse réagit sur la production, bien que la hausse ou la baisse du prix des actions n'ajoute, ni n'enlève un sou aux capitaux exploitants. Les directeurs et les administrateurs d'une société, pour maintenir les cours atteints par ses actions, s'ingénient à diminuer les frais de production par une meilleure organisation du travail, par des perfectionnements de l'outillage, par des économies sur la matière première et surtout sur les salaires (1).

____

(1) Les Compagnies de chemins de fer, après la période prospère qui finit en 1882 et 1883 et durant la période difficile qui n'a guère cessé qu'il y a

De cette sorte les opérations de la Bourse affectent en dernier lieu les producteurs, qui créent la plus-value que se partagent les capitalistes sous les noms de dividende, intérêts et profits.

Les dettes publiques d'États et les capitaux des sociétés par actions dont les titres sont cotés dans les Bourses d'Europe, d'Amérique et d'Australie se chiffrent par centaines de milliards. Cette masse colossale de capitaux constitue la plus grosse partie de la fortune sociale des peuples civilisés ; elle laisse cependant en dehors de sa sphère des capitaux considérables employés dans l'agriculture, l'industrie, le commerce et la banque, qui n'ayant pas encore revêtu la forme de sociétés par actions ne font pas leur apparition à la Bourse des valeurs. Néanmoins une partie de ces capitaux est déjà soumise aux fluctuations des Bourses spéciales du fer, coton, laine, blé, etc. et à l'action des *trusts* et syndicats capitalistes, organisés pour établir un taux moyen de profits entre les syndicataires, il est vrai de beaucoup supérieur à la normale, quand ils réussissent à établir le monopole. Cependant les capitaux soustraits à l'action directe de la Bourse des valeurs, ressentent forcément le contre-coup de ce qui s'y passe et tournoyent autour du taux moyen d'intérêt fixé pour la masse des capitaux des valeurs de Bourse, c'est ainsi que la propriété foncière a subi par choc en retour l'action du progrès industriel et que sa valeur et sa rente foncière s'élevaient au fur et à mesure que l'industrie se développait et augmentait les profits des capitaux qui s'y consacraient (1).

---

trois ans, ont fait de considérables réductions de dépenses, estimées à plusieurs dizaines de millions. Les banques parisiennes, pour réparer les brèches faites à leurs bénéfices pendant ces dernières années, ont réduit le nombre de leurs commis et ont diminué les salaires et prolongé la journée de travail. Depuis le krach des mines d'or du Transvaal, les directeurs ne s'occupent que d'abaisser les salaires des mineurs nègres.

(1) Les propriétaires fonciers ont l'habitude de se lamenter sur leur misérable sort ; cependant la valeur des terres et de la rente foncière ont été en croissance constante depuis un siècle, ainsi que le prouve les chiffres suivants :

	1789	1815	1859	1884
Prix moyen de l'hectare.	400 fr.	600 fr.	1.000 fr.	1.800 fr.
Rente foncière par hectare.	12	18	30	54

Les chiffres de 1789 sont fournis par Lavoisier, ceux de 1815 et de 1859 par L. de Lavergne et ceux de 1884 sont établis d'après l'évaluation du fisc, qui estime l'hectare au prix moyen de 1,800 fr.; et on reste au dessous de la vérité si on porte aujourd'hui ce prix moyen à 2,000 fr. et la rente foncière à 60 fr. par hectare.

Mais les entreprises agricoles, commerciales, industrielles et financières dont les capitaux ne sont pas encore divisés en petites coupures,
démocratisés, ne conservent que transitoirement la forme individualiste; elles sont destinées à revêtir la forme collectiviste et à se transformer en sociétés par actions pour être ensuite entraînées dans le
tourbillon de la Bourse, où toute la propriété capitaliste doit finir par
s'engloutir, ainsi que l'avait entrevu, il y a un demi-siècle, Emile
Pereire, le financier génial de l'époque moderne. Pereire, qui à l'école
de Saint-Simon, avait appris à apprécier théoriquement la puissance
de l'association des capitaux, s'était proposé de mobiliser les propriétés
agricoles, industrielles, commerciales et financières en sociétés par
actions, dont les titres s'échangeraient entre eux et avec ceux du Crédit
Mobilier, qui serait la Banque centrale, l'*omnium*, selon son expression.
Il aurait ainsi réuni tous les capitalistes en un immense syndicat, dont
les membres se seraient garanti un taux moyen d'intérêt, et un revenu
proportionnel au nombre des actions possédées. La Bourse, les *trusts*
américains et les syndicats européens sont en train de réaliser la
pensée de Pereire, qu'il n'était pas donné à un individu de mener à
terme.

Marx n'émet donc pas une « hypothèse » et n'imagine pas une
« fiction » quand il considère la plus-value totale créée par les industries soumises au capital, comme mise en commun, ainsi que le butin
après le sac d'une ville, pour être partagée entre les capitalistes pro-
portionnellement à la grandeur des capitaux qu'ils ont engagés dans
l'exploitation de la classe salariée des deux mondes.